# 꽃들의 시어

강만순 디카시집

시와사람

강만순 디카시집

# 꽃들의 시어

2024년 7월 10일 인쇄
2024년 7월 15일 발행

지은이 | 강 만 순
펴낸이 | 강 경 호
발행처 | 도서출판 시와사람
등 록 | 1994년 6월 10일 제 05-01-0155호
주 소 | 광주시 동구 양림로119번길 21-1(학동)
전 화 | (062)224-5319
E-mail | jcapoet@hanmail.net

ISBN 978-89-5665-726-4 03810

값 15,000원



공급처 ■ 한국출판협동조합
경기도 파주시 적성면 적성산단3로 10 (적성일반산업단지 내)
주문전화 (02)716-5616, 070-7119-1740

꽃들의 시어

# 작가의 말

싱그런 바람이 부는 날이면 산책을 나간다.

길을 걷다가 풀 한 포기, 예쁜 꽃을 바라보며 행복에 젖는다.

노을이 걸터앉은 산허리 풍경을 바라보다가 멈춰 서서 찰칵찰칵 카메라에 담는다.

그 느낌에 감성의 색깔을 입혀 시를 짓는다.

출발이 벌써 여러 해 전 일이다.

소소한 작품들을 모아 책으로 엮어 보았다.

디카시집을 출간하며 멈춰 서서 바라보는 시곗바늘은 어느덧 60대 중반을 가리키고 있다.

바쁘게 또는 무료하게 일주일, 한 달을 마냥 보내는 일보다 디카시를 한 편 한 편 완성해 가는 일, 그 안에서 위안과 의미 방울을 건져내는 일, 자연과 주변의 것들과 소통할 수 있음이 고맙고 다행스런 일이다.

늘 유쾌한 강의로 시 창작 활동을 즐겁게 이끌어 준 박덕은 지도 교수님께 감사의 말씀 드린다.

서로 격려하며 창작 활동을 같이 해 온 싱그런 문학회 문우님들께도 심심한 감사의 말씀 전한다. 곁에서 한결같이 응원해 준 식구들에게도 고마움을 전한다.

2024년 유월에, 저자 강만순

# 강만순 시인

## 박덕은

고요가 호수를 빚어
물의 맥박이 뛰는
골짜기에 두었다

수많은 세월이 흘러
낮과 밤을 어루만지는 초록손으로
숲이 에워싸고 물그림자도 자리잡았다

공중의 속엣말 흘리는
새소리는 방울방울
풀꽃향 매달고 물가에서 놀고

절반의 그리움과 절반의 기다림으로
환하게 수놓은 감성들은
물수제비 놀이하며
놀빛까지 감싸 주었다

한결같은 성품은
다홍빛 향기를
진종일 풀어놓고

경쾌하게 봄볕을 이어 붙이는
저 은은한 미소는
동굴 속 신비까지 꺼내어
나뭇가지마다 걸어두었다

알록달록 혀끝에서 발랄해지는
해맑은 시심은
바위 곁에 수선화처럼
가꾸며 보살폈고

생의 첫자리에서 뜨거워진
꿈결같은 사랑은
샘솟는 샘물에 띄워
잔물결이 되도록 했다

간혹 허공의 혈을 트며
들려오는 종소리는
감동의 전율로 휘감아
가슴 깊숙이 묻으며 살아가고 있다.

꽃들의 시어 / 차례



## 제1부

## 제2부

## 제3부

## 제4부

# 꽃들의 시어

# 제1부

가끔은
하늘 바라보며 쉬고플 때가 있어
오늘처럼 젖지 않은
저 푸르른 날에.

# 캐리커쳐 부부

춘향제 구경 가서
잠시 모델이 되었다
재회한 춘향이처럼
추억 향기 마주하는 시간.

# 휴식

가끔은
하늘 바라보며 쉬고플 때가 있어
오늘처럼 젖지 않은
저 푸르른 날에.

# 박덕은 미술관

파란 수채화
온몸에 두르고 넘실 넘실
메마른 둥지에
피어난 예술꽃 송이 송이.

# 다짐

남은 시간들 흩어지지 말자
결 고운 향기 피워내야 한다
그날 눈물로 굳게 약속했지.

# 봄이라서

마냥 아래 향해 가고 있는 건 아니야
어느 순간 멈춰 새처럼 가벼이
훨훨 날 때가 있을 거야.

# 소통

울퉁불퉁
굴러온 마음의 자리
다듬고 다듬어
동그라미 그린다.

# 사랑의 길

비우고 비워내며
정상까지 다다르기엔
너무나도 고달픈 여정.

# 시인처럼

매 끼니마다
콩닥콩닥 가슴 졸이며
숨은 시어 찾기.

# 그리움

햇살처럼 반짝이다가
노을녘 땅거미 내려앉는
겨울 강가에서 찰랑찰랑.

# 사색

때로는 힘들지라도
이 자리 이대로가 좋아
아름다운 바다 풍경도
따스한 어울림도
살아 숨쉬는 휴식 공간도.

# 선상船上의 아침

깊은 침묵 끝에
우우우
펼쳐지는 설렘 바다.

# 윈윈win win

서로 다름 인정하고
서로 품어 주니
한 그림 되어
화사한 어울림 수놓는다.

# 화해

수직의 벽
금 간 언저리에 피어
쓸쓸히 닫힌 맘
환하게 열어 준다.

# 사랑의 발견

장맛비에 무사한지
무더운 밤 안녕한지
안부 물으니
다 같이 웃으며
인사하는 초록.

# 선택의 길

물구나무 서 있기 힘들어요
어서 데려가 주세요
담백 짭조름한 바다 향기
한 두릅 덤으로 드릴게요.

# 동행

터덕터덕 간다
길이 보이지 않을지라도
뚜벅뚜벅 같이 간다
아스라이 수평선 바라보며.

# 3월 강가

푸석해진 추억 이파리들
연둣빛 물비늘 되어 날아들고
흐드러진 미소에
싱그런 꽃향기 찰칵찰칵.

# 봄의 하루

순한 연둣빛으로 밑그림 그리고
알록달록 이야기 채색한다
톡톡 물감 터뜨린 붓끝
닿는 곳마다 웃음 사르르 번지는
요강바위 가는 길가 시인집.

# 제2부

시린 하늘 아래
커다란 울림으로 다가와
위로 길어 올리는
저 마르지 않는 평안.

# 직선과 곡선

우리 내기 할까
누가 더 빨리 달리는지
누가 더 빨리 푸르른지.

# 우애

좁디좁은 그늘 틈에서도
서로 여린 마음줄 꼭 붙들고
빵빵하게 피워낸
행복 한 움큼.

# 빛의 우물

시린 하늘 아래
커다란 울림으로 다가와
위로 길어 올리는
저 마르지 않는 평안.

# 노부부

이 아침
가장 아름다운 순간
우리 환하게 웃어요.

# 여운

생채기 난
추억 울타리 안
잔잔히 펼쳐지는
감성의 빛줄기.

# 미

잿빛 세상 위에
겸손을 초록으로 그리는
화가.

# 평등

풍경화 펼쳐진 품속
온 세상 환하게 같아지는 날
부드러운 시심 그려 넣고
시리게 한 모금 마신다.

# 설렘

노란 속눈썹 치켜뜨고
부푼 계절로 달려와
총총총 눈맞춤한다.

# 겨울 산행

발자욱 따라 걷는다
하얀 고백 나풀나풀
파고드는 시름 서걱서걱
한 줌 미련까지 날려 버리며.

# 동창회

마음줄 서로 꼭 껴안고
피워낸 웃음 한 다발.

# 여정

쪽빛 꿈 한 조각
다다를 곳 찾아
둥둥 끝없이 선 긋는다.

# 쉼표

물그림자 위에
닻을 내리고
고단함 눕히는
시간의 품.

# 발효 장터

감성 도화지에
따스한 음률 너울너울
맛과 멋 살랑살랑
코스모스 물결 타고 구수하게 흐른다.

# 절개

한결같은 뚝심
그 자리에 뿌리 내리니
비바람도 비껴간다.

# 기다림

새초롬히
이슬에 얼굴 씻은 채
오가는 추억
반가이 맞이한다.

# 나의 별꽃

가뭄과 땡볕에서도
오롯이 피워낸
보고픔 한 송이.

# 행복해

꽃잠 속으로
풍덩 젖어 있는
지금.

# 봄 단상

싱그런 화폭 펼쳐 수놓은 오월 오후
추억꽃 송이 송이 아련히 스며들어
옛 시절 푸른 노래 그 자리에 머문다.

# 제3부

추억이 시리지 않은 건
보송보송 써 내려간 향기가
따스하게 안아 주기 때문.

# 사랑의 다리

마음과 마음으로
두근두근 연주하면
점점 가까워지는
그대라는 그리움.

# 영화처럼

저무는 빛의 행렬
눈부신 날개 접지만
고요로 내일을 약속한다.

# 기다림

돌담 위에 흰구름 내려앉아
싸리꽃 벙글어 가는 뜨락
토방 마루로
님이여, 언제든 오세요.

# 사랑 둥지

까치와 돌배나무
초연당 드넓은 하늘 아래
오랜 기다림으로
인연의 새 보금자리 지었다.

# 꽃여울

나루터의 노송
잠겼다 떴다 수만 번 담금질로
까맣게 타들어 간다
애잔히 시를 쓰며.

# 이별

아쉬움으로 그리는
수채화 한 폭
앙상한 그리움의 가지에
환히 매달려 있다.

# 향수

안부만 수북이 쌓인
빈 집 우편함 아래서
방긋방긋 반기는
저 환한 미소.

# 봄 오는 소리

꽃여울 나루터
쪽빛 설렘길 따라
사뿐히 펼쳐 놓는다.

# 퇴근길

한낮의 열정 쏟아내며
곱게 물들인 품안으로
포근히 달려가는
사랑의 강줄기.

# 산책길

해맑은 색깔들의 속삭임
아기자기하게 눈부신
설렘의 길.

# 꽃들의 언어

연둣빛들이 수다떠는 중
서로 키재기하며
자기 향기의 선율이
가장 크다 자랑하고 있다.

# 그리움처럼

등 굽은 세월 매운 바람 스쳐가고
정겨운 수다들이
봄 햇살에 향긋이 익어 간다.

# 만남

햇발 가득한 뜨락에 모인
풀잎들의 소곤거림
수북수북 해종일 넘쳐난다.

# 꽃등

계절의 길목에서
축 처진 발걸음들 다독여 주는
하얀 미소.

# 병풍폭포 무지개

가장 낮은 곳으로 내려와
가난한 마음의 눈시울까지
찬란히 보듬어 준다.

# 겨울 수채화

추억이 시리지 않은 건
보송보송 써 내려간 향기가
따스하게 안아 주기 때문.

# 계절의 길목

노을빛 흩어지는 강가
찬바람 하느적 하느적
가냘픈 무게 곧추세운다.

# 첫사랑

붉어진 마음 들킬까 봐
콩닥콩닥
살며시 몸 숨긴다.

# 제4부

화려한 나들이
그보다 더 그리운 건
흙내음 닳도록 누비던
풀향기의 손짓.

# 기도

해돋이에서 해넘이까지
가을볕 모아
추억의 창가에
걸어 두게 하소서.

# 풍경

노란 캔버스 위에
윤슬의 아침 반짝이다
너울너울 산마루길로 올라간다.

# 함께

서 있을 수 있고
꽃 피울 수 있고
활짝 웃을 수 있어
행복이야.

# 가을 준비

푸석해진 논이랑에
보드라운 황톳빛 내음
찰박찰박 펼쳐 놓는다.

# 연둣빛 연서

분주해진 들녘에
하늘 구름 햇살 담아
줄줄이 써 내려간다.

# 시계풀꽃

아이처럼 쪼그리고 앉아
깔깔깔 들여다보아야
보이는 추억.

# 작은 음악회

잔잔한 향기들
빛깔들의 리듬에 맞춰
키 작은 그리움
연주한다.

# 커다란 행복

나란히 기대어
지금 여기 함께
웃을 수 있어서.

# 협동

어디 어디 있을까
마음 모아 찾아요
요리사 울 엄마 아침 식탁에
가족 사랑 듬뿍 차려 놓도록.

# 추억차

수다 꽃잎들
찻잔 가득 채우면
잎 마른 추억들이
소롯한 향기 머금고
산뜻이 우러난다.

# 시선의 각도

안
그리고
밖
같지만 다른
유리창 너머 저 추억.

# 풀숲 나라

풀잎 닮다
풀빛 닮다
풀꽃 닮으며
살아간다.

# 어울림

생김새는 각자 다 달라도
우린
같은 형제 같은 마음
서로 어깨 기대어
오순도순 모여 산다.

# 자기 자랑

색깔이 달라도
난 너를, 넌 나를
싱그럽게 빛내 주는
환상의 짝꿍.

# 자리 싸움

모처럼
물놀이 나온 우리 가족
아빠는 맨 앞자리
나랑 동생이 씨름하다가
엄마 옆자리 뺐겼다.

# 벗

갈래머리 추억 엮은
인연의 울타리
꼭 붙들고서
오늘도
오순도순 살아간다.

# 회상

화려한 나들이
그보다 더 그리운 건
흙내음 닳도록 누비던
풀향기의 손짓.

# 청포도

굽은 세월 휘어져도
싱그러움 고이 품고
푸르게 익어 간다.

평설

# 강만순 시인의 디카시집 출간을 축하하며

박 덕 은

(문학박사, 문학평론가)

평설

# 강만순 시인의 디카시집 출간을 축하하며

**박 덕 은** (문학박사, 문학평론가)

강만순 시인은 1961년 2월 전북 순창군 유등면 건곡리에서 아버지 강상용 씨와 어머니 전봉님 씨의 사이에서 2남 4녀 중 셋째 딸로 태어났다.

언니 둘에 이어 세 번째 딸로 태어났다. 그녀는 이렇게 회고했다.

"부모님은 꼭 아들을 낳아야 한다는 간절함 때문에 제 이름을 작명가에게서 지어왔다. 이름 덕분인지 2년 후에 남동생이 태어났다. 그 후로 나는 더 이쁨을 받았다. 어린 시절에는 호기심 많은 얌전한 아이여서 주위로부터 많은 관심과 사랑을 받고 자랐다."

제사 때나 명절 때 가족들과 친적들이 집으로 많이 찾아왔고, 평소에도 동네 사람들이 자주 드나들었다.

고등학교 때부터는 부모님 곁을 떠나 전주로 유학 갔다.

"평소에 친구가 많이 있어야 한다고 했던 부모님 말씀

때문인지 내 주변에는 항상 친구들이 많이 있었다."

학창 시절에 줄곧 모범생으로 지냈던 그녀는 대학 졸업 후, 고교 기간제 교사로 근무하였다.

1987년 26세 때 결혼을 하여 슬하에 1남 1녀의 자녀를 두었다.

종갓집인 시댁에도 가족 행사가 많아 늘 가족들과 친척들이 오가곤 했다.

그녀는 시부모님과 같이 살면서 육아에 전념하다가, 둘째 아이가 유치원에 다니자 보습 학원을 개원하여 20여 년 넘게 초중고 학생들을 교육하며 아이들과 늘 함께했다.

학원연합회 회장직 임기 중에는 순창군과 학원연합회와의 교육 바우처 사업 협약식으로 전북에서 처음으로 바우처 사업을 시작했다.

또한 다문화 마을학당 한국어 가정방문 교사로 교육봉사하면서 외국인 여성들의 한국문화 적응과 귀화시험 합격을 도왔다.

그녀는 이렇게 말했다.

"매운향 문학회 동아리에서 박덕은 스승님께 시 창작 글쓰기 지도를 받아, 2011년에 첫 시집을 출간한 행운을 얻었다. 여생 동안 오카리나, 플룻 연주와 합창 등의 취미생활과 운동을 꾸준히 하며, 넘치지도 부족하지도 않게 나눔을 실천하는 건강한 노후의 삶을 향해 나아가고 싶다."

그녀는 2007년에 《현대문예》 신인문학상, 2008년에 《문학공간》 신인문학상, 2010년에 동서문학상, 2020년에 빛창문학상, 2020년에 샘터수필문학상, 2022년에 《문학공간》 디카시문학상 대상 등을 수상했다.

2011년에는 시집 『화장을 지우며』를 출간한 바 있다.

현재 싱그런 문학회 회원, 한실문예창작 회원, 순창문인협회 회원, 꿈스런 문학회 회장으로 활약하고 있다.

자, 그러면 지금부터 강만순 시인의 디카시 문학 세계로 탐구 여행을 떠나 보자.

마냥 아래 향해 가고 있는 건 아니야

어느 순간 멈춰 새처럼 가벼이
훨훨 날 때가 있을 거야.

-「봄이라서」 전문

이 디카시에서 시적 화자는 풀줄기가 아래로 커가는 모습을 관찰하고 있다. 어느 정도 자라다가 마치 고개를 치켜든 것처럼 위쪽으로 나래를 펴고 있다. 새처럼 훨훨 날아 어디론가 가고 싶은 듯하다.「봄이라서」 제목과 절묘하게 맞아떨어진다. 맞다. 봄이다. 안간힘으로 일어서는 봄이다. 끝끝내 날아오르는 봄이다. 좌절과 절망이 바닥으로 치달았지만, 희망이라는 봄 한 촉을 다시 피워 올릴 때다. 봄은 벌써 입꼬리 올리며 당도했으니, 그 입꼬리 위에 우리의 희망을 올려놓으면 된다. 봄도 주저하며 망설이며 뒤돌아보며, 그러다가 문득 용기 냈을 것이다. 그 용기로 봄산을 들쳐 메고 봄강을 끌고 여기까지 왔을 것이다. 그 봄에 힘입어 시적 화자는 희망을 꽃피우자고 말하고 있다. 봄에 꽃피우는 희망만큼 아름다운 게 또 있을까. 죽은 줄 알았던 나무에서도 봄이면 향기가 몸서리치게 뿜어져 나온다. 희망의 아름다운 나래짓, 그 향기가 봄날 속으로 환하게 흩어져 혼미할 정도다. 제목에 함축된 시적 의미가 멋스럽다. 꿈을 향해 나아가는 어떤 인생을 보는 듯하다. 마냥 아래로 향해 가고 있는 희망 없는 삶, 힘든 일상과 고된 하루 하루가 끝이 없는 듯하다. 하지만, 마음까지 영혼까지 추락하고 있지는 않다. 어느 순간 멈춰, 희망한 바처럼 하늘로 날아오를 때가 있다. 그 순간을 디카시와 사진이 포착해내고 있다.

울퉁불퉁
굴러온 마음의 자리
다듬고 다듬어
동그라미 그린다.

-「소통」 전문

이 디카시에서 시적 화자는 동그라미를 보며 소통을 떠올리고 있다. 사진 속 동그라미를 내려놓으면 동그라미

라는 소통의 힘으로 어디든 가 닿아 속엣말을 주고받을 것 같다. 파도에 씻긴 몽돌처럼 마음자리가 둥글어질 때까지 철썩이는 물결의 칼날을 끝도 없이 견디었을 것이다. 파도는 쉬지 않고 밤낮으로 몰려왔을 텐데 얼마나 많은 마음자리가 깨지고 부서지며 없어졌을까. 모가 난 자신의 생각이 둥글둥글하게 깎이며 다듬어질 때까지 내면의 저항을 어떻게 이겨냈을까. 이겨내지 않아도 살 수 있다며 모르는 척 넘기고 싶었을 텐데, 시적 화자는 일부러 그 저항과 맞닥뜨린다. 시적 화자는 그 내면의 저항을 일일이 열거하지 않는다. 다만 "다듬고 다듬어/ 동그라미 그린다"고 말하고 있다. '동그라미' 속에 시적 화자의 지난한 노력이 스며들어 있다. 어찌 보면 몽돌에는 몽돌을 위협한 억겁의 파도와 바람이 들어 있다. 아니, 모가 난 자신의 생각과 부대끼는 자아(自我)가 들어 있다. 아니, 성숙을 향해 나아가는 몸부림이 깃들어 있다. 어른들은 흔히 둥글둥글하게 살아라고 덕담처럼 말한다. 하지만 그 덕담 같은 말이 얼마나 힘든 구도의 길을 요구하는가. 우리는 동그라미의 바깥에서 모나게 사는 것에 익숙해 있기에 평생을 가도 그 동그라미를 그리지 못하고 있는 건 아닐까. 이 시를 통해 다시 한 번 자신과의 소통, 타인과의 소통에 대해서 생각해 보자고 말하고 있는 듯하다.

수직의 벽
금 간 언저리에 피어
쓸쓸히 닫힌 맘
환하게 열어 준다.

-「화해」 전문

이 디카시에서 시적 화자는 외벽 아래 길가에 피어 있는 채송화를 눈여겨보고 있다. 오해와 불통으로 닫힌 마음을 수직의 벽으로 표현하고 있다. 서로를 따스한 마음의 눈으로 바라보다가 서운함이 쌓이고 불만이 겹치고 오해가 깊어가면서 벽이 만들어졌을 것이다. 처음에는 낮게 벽이 만들어져 그 벽을 넘어설 수도 있었겠지만, 어느 순간 그 벽은 너무 높아 도저히 넘어설 수 없게 된다. 그러면서 서로를 향한 마음문은 꽉 닫히게 된다. 이 시는 그 불통이라는 벽에서 시작하고 있다. 그 벽의 금 간 언저리에 꽃이 피어나고 있다. 꽃이 피었기에 이제는 굳이 소통을 위해 벽을 넘을 필요도, 벽을 무너뜨릴 필요도 없는 것이다. 새로운 해석이다. 시는 이렇듯 시적 대상에게 의미의 옷을 입히고 상징의 옷을 덧입히는 것이다. 우리는 살면서 얼마나 많은 불통이라는 벽을 만들고 그 벽 때문에 쓸쓸해 하는가. 이 봄이 가기 전에 우리 모두 불통이라는 벽에서 화해라는 꽃이 피어났으면 좋겠다고 시적 화자는 말하고 있는 듯하다. 높이 자리한 수직의 벽, 거기 금 간 언저리에 피어 있는 채송화, 눈길을 끌어 다가가 보니, 꽃이 세 송이 피어 있다. 이 작은 꽃을 바라보는 순간, 쓸쓸히 닫힌 맘이 환히 열린다. 드디어 화해의 빛이 보인다. 닫힌 맘, 닫힌 하루, 닫힌 순간은 어둡고 쓸쓸하다. 닫힌 맘이 열리면, 쓸쓸함은 사라지고, 수직의 벽도 사라지고, 환한 마음길이 열린다. 화해의 세상이 인생을 신바람나게 한다.

장맛비에 무사한지
무더운 밤 안녕한지
안부 물으니
다 같이 웃으며
인사하는 초록.

-「사랑의 발견」 전문

이 디카시에서 시적 화자는 들판의 모와 논둑의 풀이 푸르게 자라고 있는 것을 바라보고 있다. 쓸모 있음의 모와 쓸모 없음의 잡초를 동일선상에 올려놓고 있다. 시적 화자는 그 둘을 "다같이 웃으며/ 인사하는 초록"이라고 동일시하고 있다. 제목 「사랑의 발견」을 통해서 그 깊은 의미가 매만져진다. 우리에게 쓸모 있음의 여부와 관계없이 자연의 입장에서는 다 같은 초록인 것이다. 나의 이익과 상대의 이익에 따라 평가하지 않고 있는 그대로 바라봐야 한다고 말하고 있는 듯하다. 사랑은 있는 그대로 수

용해야 한다. 사진 속 저 초록으로 피어날 때까지 모와 잡초는 아침햇살로 얼굴을 씻고 바람에 귀를 씻었을 것이다. 턱 밑까지 차오르는 무더위가 숨통을 조여 와도 끝끝내 이겨냈을 것이다. 장맛비라는 물의 폭력 앞에서도 당당했으니 모와 잡초는 둘 다 아름다운 초록인 것이다. 여기서도 새로운 해석이 돋보인다. 논의 모도 늘 푸르고 논둑의 풀들도 늘 푸르다. 장맛비에 무사한 저 초록, 무더운 밤도 잘 견딘 저 초록, 다 같이 안부 물으며 인사한다. 그 모습이 웃고 있는 듯하다. 풀과 모가 서로 다정히 지내는 모습이 보기 좋다. 부럽기까지 하다. 돈이 많든 적든 상관없이 인간 세상이 저럴 수 있다면 얼마나 좋을까. 서로 막힘 없이 초록의 언어로 소통하며 안아 주고 한마음 되어 살아간다면 얼마나 좋을까. 그런 세상이 부럽다.

노란 속눈썹 치켜뜨고
부푼 계절로 달려와
총총총 눈맞춤한다.

-「설렘」 전문

이 디카시에서 시적 화자는 산수유 꽃을 바라보고 있다. 산수유는 봄이 시작되면 가장 먼저 꽃을 피운다. 어떤 힘으로 꽃을 피우는 것일까. 그것은 아마 '설렘'일 것이라고 시적 화자는 생각한다. 설렘이 있기에 우리는 사랑을 시작하고 꿈을 향해 나아가고 희망을 향해 달려간다. 불안과 비참으로 깊어진 막막한 내일이 다가올지라도 설렘이 있다면 그 내일을 헤쳐나갈 수 있다. 절망 속에서는 내일이 없기에 눈뜨고 싶지 않다. 하지만 춥고 어둡더라도 사랑과 희망이 있다면 산수유 꽃처럼 "노란 속눈썹 치켜뜨고/ 부푼 계절로 달려"간다. 그래서 봄에게, 사랑에게, 꿈에게 "총총총 눈맞춤"을 한다. 내일을 바라보는 설렘이 없다면 우리의 삶은 얼마나 무미건조할까. 어제가 어둡다고 내일마저 어둡지는 않다. 산수유 꽃처럼 노란 속눈썹 치켜뜨고 우리 함께 달려보자. 저 산수유 꽃도 발목 잡는 추위를 뿌리치고 내일이라는 봄을 향해 설렘으로 꽃피지 않는가. 사진 속 도로변에 피어 있는 꽃은 노랗다. 세 송이가 피어 도로를 내려다보고 있다. 누굴 기다릴까. 노란 속눈썹 치켜뜨고 부푼 계절로 달려온 꽃, 반가워하며 총총총 눈맞춤하는 꽃. 이렇듯 작은 꽃도 설렘 가득한 하루를 보내고 있는데, 어찌 우리 인생은 그러지 못하는 걸까. 오늘도 시르죽이 지내는 수많은 인생에게 경고의 메시지를 보내고 있는 듯하다. 설렘이 없는 세상아, 다시 시작하라. 설렘 가득한 일상으로 복귀하여, 인생을 멋지게 장식하라.

물그림자 위에
닻을 내리고
고단함 눕히는
시간의 품.

-「쉼표」 전문

이 디카시에서 시적 화자는 물에 비친 밤의 한 정경을 바라보고 있다. 물멍이라는 말이 있다. 물을 바라보거나 물소리를 들으며 아무 생각 없이 멍하게 있는 일, 일종의 멍때리기 힐링이다. 이 시는 그런 물멍을 시적 형상화하고 있다. 수면에 비친 불빛이 흥건히 물에 젖어 있다. 물의 심성은 곱기에, 뭐든 받아주고 수용하며 물그림자로 띄워 준다. 수면 위로 밤이 내려오고 적막이 내려와도 불평 없이 물그림자로 다시 띄워 준다. 물은 자신의 원형을 고집하지 않는다. 물은 모든 것을 품어주고 받아주며 쉼을 얻으라 한다. 사진 속 수면 위로는 아파트 불빛이 환히 켜져 있다. 그 불빛은 하루의 걸음을 수면에 드리운 채 고즈넉이 물에 잠겨 있다. 물결이 고단했던 하루의 걸음을 다독이며 가만가만 품어주고 있다. 시적 화자는 그 모습을 "물그림자 위에/ 닻을 내리고" 있다고 말하고 있다. 닻을 통해 하루의 항해를 끝마치고 있다고 해석하고 있다. 고단함을 눕히는 시간의 품처럼 저 물을 바라보고 있으면 사방이 고요하고 마음도 잔잔해질 것 같다. 명상 속으로 빨려들게 한다. 시적 화자는 바쁜 일상을 내려놓고 잠시나마 휴식을 갖고 사색의 순간을 맞이하라는 것 같다. 하루의 쉼표를 놓치지 말라고 말하는 듯하다. 따스한 쉼표는 우리가 인생에서 꼭 챙겨야 할 가장 소중한 순간이 아닐까.

마음과 마음으로
두근두근 연주하면
점점 가까워지는
그대라는 그리움.

-「사랑의 다리」 전문

이 디카시에서 시적 화자는 개울의 징검다리를 건너려다 시심에 잠긴다. 저 징검다리는 빠른 물살에도 빠지지 않도록 안부와 소식을 안전하게 건네준다. 또 봄을 건네고 따스한 온기를 건네고 저물 녘의 낭만을 건네주었을 것이다. 몸의 중심이 흔들릴 때에도 묵묵히 등을 내민 징검다리가 있기에 다시 중심을 잡고 건너갈 수 있다. 그런 징검다리를 시적 화자는 '사랑의 다리'로 바라보고 있다. 맞다. 그리움이라는 징검다리를 밟고 가면 사랑을 만날 수 있다. 저 그리움이라는 징검다리가 없었다면 마음의 개울을 건널 수 없었을 것이다. 마음의 여울목에서 아프게 발목 적셔도 징검다리가 없어 건널 수 없었을 것이다. 보고파하는 심정을 시적 화자는 "마음과 마음으로/ 두근두근 연주"한다고 표현하고 있다. 피아노 건반 같은 징검다리와 "두근두근 연주"가 멋스럽게 조화를 이루고 있다. 피아노 건반을 두드리듯 징검다리를 두근두근 연주하며 건너면 사랑을 완성할 수 있을 것 같다. 또 저 징검다리는 다름 아닌 자신의 마음과 님의 마음인 듯하다. 한 발 한 발 건너는 건 사랑을 향해 두근 두근 연주하는 것과 같다. 그 두근거림은 그대와 나, 이 두 마음이 점점 가까워진다는 증거다. 그리움이 점점 증폭되어, 사랑에 이르게 된다는 증거. 그러므로 이 징검다리는 사랑의 다리일 수밖에 없다. 부디, 이 징검다리를 건너, 사랑의 완성과 만나기를 소망해 본다.

아쉬움으로 그리는
수채화 한 폭
앙상한 그리움의 가지에
환히 매달려 있다. -「이별」 전문

이 디카시에서 시적 화자는 노을 녘 해가 나뭇가지에 매달려 있는 모습을 바라보고 있다. 이별이 얼마나 슬펐기에, 노을은 얼굴 빨개지도록 울었을까. 울다 떠난 님의 발자국 소리가 얼마나 아팠기에 해질녘은 붉게 물들고 있는 것일까. 붙잡지 못한 미련과 속으로 삼킨 울음이 얼마나 깊었기에 저 지는 해처럼 환하고 둥글어질 수 있단 말인가. "아쉬움으로 그리는/ 수채화 한 폭"이 될 때까지 마음의 저녁은 붉은 울음을 뚝뚝 떨어뜨렸을 것이다. 생각해 보면 달디단 어제로 황홀했던 여름이 있었고, 단맛으로 부풀어오른 입술이 하루를 열기도 했을 것이다. 그러다가 헛헛한 마음 안쪽에서 자라는 아픔이 목소리를 키우면서 이별까지 왔을 것이다. “앙상한 그리움의 가지에/ 환히 매달려 있”는 이별. 처량히 매달려 있는 게 아니라 환히 매달려 있다. 안으로 안으로 삭힌 울음이 얼마나 컸으면, 사랑의 기억이 얼마나 아름다웠으면 환히 매달려 있단 말인가. 슬프면서도 아름다운 이별로 다가온다. 그래서 아쉬움으로 그리는 수채화 한 폭이 더욱 안타깝게 느껴진다. 먼 훗날에도 환한 이별이 아름답게 기억되었으면 좋겠다. 비록 이룰 수 없는 사랑이어서, 앙상한 그리움의 가지에 매달려 있어서 안타깝기는 하지만, 그래도 그리워할 수 있다는 것만으로도 행복하다. 부디 오래 오래 기억 속에 살아 있어, 이 그리움이 지속될 수 있다면 좋겠다.

붉어진 마음 들킬까 봐
콩닥콩닥
살며시 몸 숨긴다.

-「첫사랑」 전문

이 디카시에서 시적 화자는 붉게 익어 있는 감을 쳐다보며 첫사랑을 떠올린다. 첫사랑은 서로 마음의 체온을 나누며 밀어를 속삭였을 것이다. 몸안에 설렘의 불을 모두 켜놓았을 것이다. 어둠과 아픔이 다가와도 그 불로 주위를 환하게 밝혔을 것이다. 때론 슬픔에 젖어 아프고 힘들어도 그 몸의 불로 말리며 내일을 기다렸을 것이다. 설렘이 지속되는 한 꺼지지 않는 불화로가 마음속에서 타올랐을 것이다. 시적 화자는 그 첫사랑의 시작을 "붉어진 마음 들킬까 봐/ 콩닥콩닥/ 살며시 몸 숨긴다"고 말하고 있다. 사랑의 시작이 은밀하고 달콤하게 느껴지는 대목이다. 사진 속 저 붉은 감은 고백을 앞두고 있는 듯 두 볼에 홍조를 띠고 있다. 설렘으로 들뜬 붉은 고백들이 따스하고 반질반질하다. 하지만 부끄러워 자꾸만 몸 숨긴다. 감잎 뒤에 살포시 숨어 부끄러운 듯 내다보는 저 감들, 벌써 홍시가 된 듯 붉디붉다. 어쩜 저리 붉은 걸까. 고백하기 부끄러워 붉은 것일까. 혹시 가슴속 붉게 숨어 있는 우리들의 첫사랑은 아닐까. 아니면, 님을 그리워하던 우리들의 콩닥콩닥 뛰는 가슴이 아닐까. 살며시 몸 숨기며 내다보던 그때 그 시절의 첫사랑 같다. 아주 작은 사물의 한 장면을 자신의 첫사랑과 연결시켜 시심을 건져내는 시적 화자가 멋스러워 보인다.

해돋이에서 해넘이까지
가을볕 모아
추억의 창가에
걸어 두게 하소서.

-「기도」 전문

이 디카시에서 시적 화자는 억새와 억새 사이에 숨어 있는 가을 햇살을 바라보고 있다. 억새가 무릎 꿇고 고개 숙이며 기도하고 있는 듯한 모습이다. 시적 화자는 간절한 자신의 기도를 억새에 빗대어 표현하고 있다. 어떤 어려움이 있기에, 어떤 소망이 있기에 기도하는 걸까. 자세히 열거하지는 않았지만 짐작할 수는 있다. 가을볕을 모으고 싶다고 한다. 가을볕은 곡식과 열매를 가을의 방식과 색깔로 완성시키는 힘이 있다. 뜨겁지도 차갑지도 않는 가을볕의 화법으로 다가가 완성시킨다. 시적 화자는 그 가을볕의 화법이 좋았던 것일까. 추억의 창가에 가을볕을 걸어 두고 싶어한다. 아파했던 날도 버거웠던 날도 모두 가을볕의 화법으로 다가가 아름답게 완성시키고 싶은 듯하다. 생의 뒤안길을 이렇듯 아름답게 마무리할 수 있다면 얼마나 좋을까. 아름답게 인생을 마무리하고 싶다는 기도를 억새에 빗대어 표현하는 시적 화자가 멋스럽다. 사진 속 억새들은 한쪽 방향으로 고개를 숙이고 있다. 그 사이로 저녁놀이 찾아와 속삭인다. 온갖 추억들을 들고 와 재잘거린다. 모두 다 정겹고 소중하고 애틋하다. 시적 화자는 문득 기도한다. 해돋이에서 해넘이까지 가을볕들을 다 모아 추억의 창가에 모두 걸어 두게 해달라고. 갑자기 울컥하며 차분해지는 감성들이 몰려온다. 아무래도 오늘부터 한순간 한순간을 의미 깊게 빚으며 살아가야 할 것 같다.

분주해진 들녘에
하늘 구름 햇살 담아
줄줄이 써 내려간다.

-「연둣빛 연서」 전문

이 디카시에서 시적 화자는 모내기를 하는 농부의 모습을 바라보며 연둣빛 연서를 떠올리고 있다. 논에 한 모 한 모 써 내려가는 연둣빛 연서. 황금 들녘을 꿈꾸며 발그레해지는 봄이 분주하다. 연서를 가슴에 품고 설레는 희망으로 봄은 들썩일 것이다. 과거의 가난했던 그 시절에도 멀리서 찔레꽃 향기 하얗게 부풀어오르면 어머니 아버지는 논바닥에 고개를 숙이고 연둣빛 글씨를 써 내려갔다. 아카시아 향이 머물다 가고 개구리 울음소리가 흩날리며 연둣빛 연서는 무르익어 갔다. 누대를 건너온 가난도 그 연둣빛 연서에 잠시 시름을 내려놓곤 했다. 논바닥에 써 내려간 연서로 들판은 또 부활을 꿈꾸었다. 저 연둣빛 연서는 자식들의 밥을 챙겨야겠다는 부모님의 간절함이다. 자식에게 날개를 달아주고 싶은 부모님의 소망이다. 밥이 사랑이고 밥이 내일이었기에 가슴 절절한 연서인 것이다. 분주해진 들녘, 거기서 하늘 구름 햇살 다 모아 등에 지고 줄줄이 써 내려가는 저 연서, 그것도 연둣빛 연서. 저게 내 그리움의 모든 걸 안고 한 자 한 자 들녘에 찍어가고 있으니, 어찌 감동에 젖지 않겠는가. 이제라도 늦지 않았으니, 소중한 가족에게 못다 한 맘까지 풀어, 감동적인 연서를 써야겠다. 그래서 여생에는 사랑으로 가득한 삶을 꾸려가야 하지 않겠는가. 그런 외침이 들리고 있다. 그 외침은 들녘 가득 퍼져가고 있다.

생김새는 각자 다 달라도
우린
같은 형제 같은 마음
서로 어깨 기대어
오순도순 모여 산다.

-「어울림」 전문

이 디카시에서 시적 화자는 작은 화분들에 심어져 있는 꽃들을 내려다보고 있다. 어울림의 사전적인 뜻은 다른 성격을 지닌 둘 이상의 사람이나 물건이 서로 잘 조화를 이룸이다. 생각이 달라도 인종이 달라도 차별 없이 어깨동무한다는 것이다. 사진 속 꽃도, 꽃이 없이 잎만 틔운 초록도, 서로를 인정하며 어울리고 있다. 자연의 원형 색깔인 초록에는 어울림의 힘이 들어있는 것일까. 초록도 다 한가지의 초록이 아닌데도 자신의 평수만큼 옅고 짙은 초록으로 살아가고 있다. 저 다정한 초록 연대가 따스하다. 잎과 잎을 비껴 가며 서로의 어깨를 겯고 살갑게 바라보는 초록의 얼굴들. 문득 차별이라는 무거운 옷을 벗어던지고 싶다. 정규직이 아니라고 차별하고, 대학을 나오지 않았다고 차별하고, 나이가 어리다고 차별하는 그 무거운 옷을 우리는 벗어던져야 한다. 줄지어 각자의 개성대로 푸르게 자라고 있는 꽃들, 어떤 것들은 피어 있고, 어떤 것들은 자라고 있고, 어떤 것들은 졸고 있다. 생김새가 다 다르다. 그런데도 형제처럼 다정히 모여 산다. 서로 어깨 기댄 채 한마음 되어 오순도순 살아간다. 부럽다. 우리도 저랬으면 좋겠다. 우리 사회의 구성원들도 저랬으면 좋겠다. 마음속에 뿜어져 나오는 긍정의 힘으로, 가슴속에 무성히 자라고 있는 사랑의 힘으로, 함께 어우러져 함께 이해해 주고 함께 품어 주고 살아간다면, 그보다 더 좋은 세상은 없을 듯하다. 부디 우리 여생에는 긍정과 사랑이 가득했으면 좋겠다.

이상에서 보는 바처럼, 강만순 시인의 디카시들에는 모두 깊은 사색방울이 담겨 있다. 사물을 독특한 시선으로 바라보며, 사색에 잠기게 한다. 여러 생각을 하게 하고, 반성하게 하고, 새로운 방향을 잡도록 도와주고 있다. 사물들, 정경들을 통해, 잠시 발걸음 멈추고 인생의 길을 한번 점검해 보도록 유도하고 있다. 이게 디카시의 매력이 아닐까. 디카시는 사진이 주어져 있기에, 어찌 보면 시보다 이미지 구현이 한 발 더 앞선다. 그림처럼 떠오르는 시상들이 독자의 감흥을 최대한 이끌어 주고 있다. 짤막한 5행 이내의 시 속에 인생의 다채로운 감성을 담아내면서, 사색의 공간으로 촉촉이 안내하는 솜씨가 남다르다. 사진들은 되도록 추억의 한 컷을 장식하도록, 그때 그 순간에 찍지 않으면 안 될 것들, 삶의 의미를 이끌어내는 것들, 이왕

이면 초점을 잘 맞춰, 되도록 대각선 구도로 찍은 사진들이면 더 좋은 디카시가 되어줄 것이다.

제목은 사진 속 주요 소재가 아닌 상징적인 것들로 올리면 더 좋은 평점을 얻게 될 것이다. 강만순 시인의 디카시들은 이러한 디카시의 특질을 두루 갖추어 놓고 있어, 독자들을 행복하게 한다.

부디 더 좋은 디카시, 더 감동적인 디카시, 전율이 더 흐르는 디카시를 창작하여, 제3, 제4 창작집을 펴내기를 소망한다. 여생을 알차게 우아하게 꾸려 가는 길 위에, 디카시 창작, 시 창작의 열매들이 늘 함께하길 기도한다.

- 일주일 내내 내리는 비에 잠시 여백의 시간 물들이며<br>
한실문예창작 지도 교수 박덕은<br>
(문학박사, 전 전남대학교 교수, 문학평론가,<br>
시인, 동화작가, 소설가, 화가,<br>
박덕은 미술관 관장, 대한시인협회 부회장,<br>
사단법인 노벨재단 이사장)